AF607355

Autores varios

Constitución de de Cuba 1992

Barcelona 2025
Linkgua-ediciones.com

Créditos

Título original: Constitución de Cuba.

e-mail: info@Linkgua-ediciones.com

Diseño de cubierta: Michel Mallard.

ISBN rústica ilustrada: 978-84-9953-923-2.
ISBN ebook: 978-84-9953-922-5.
ISBN tapa dura: 978-84-1076-868-0.

Sumario

Constitución de la República de Cuba

(Reformada en 1992)

Preámbulo

NOSOTROS, CIUDADANOS CUBANOS, herederos y continuadores del trabajo creador y de las tradiciones de combatividad, firmeza, heroísmo y sacrificio forjadas por nuestros antecesores; por los aborígenes que prefirieron muchas veces el exterminio a la sumisión; por los esclavos que se rebelaron contra sus amos; por los que despertaron la conciencia nacional y el ansia cubana de patria y libertad; por los patriotas que en 1868 iniciaron las guerras de independencia contra el colonialismo español y los que en el último impulso de 1895 las llevaron a la victoria de 1898, que les fuera arrebatada por la intervención y ocupación militar del imperialismo yanqui; por los obreros, campesinos, estudiantes e intelectuales que lucharon durante más de cincuenta años contra el dominio imperialista, la corrupción política, la falta de derechos y libertades populares, el desempleo y la explotación impuesta por capitalistas y terratenientes; por lo que promovieron e integraron y desarrollaron las primeras organizaciones de obreros y de campesinos, difundieron las ideas socialistas y fundaron los primeros movimientos marxista y marxista-leninista; por los integrantes de la vanguardia de la generación del centenario del natalicio de Martí, que nutridos por su magisterio nos condujeron a la victoria revolucionaria popular de Enero; por los que, con el sacrificio de sus vidas, defendieron la Revolución contribuyendo a su definitiva consolidación; por los que masivamente cumplieron heroicas misiones internacionalistas; GUIADOS por el ideario de José Martí y las ideas político-sociales de Marx, Engels y Lenin; APOYADOS en el internacionalismo proletario, en la amistad fraternal, la ayuda, la cooperación y la solidaridad de los pueblos del mundo, especialmente los de América

Latina y del Caribe; DECIDIDOS a llevar adelante la Revolución triunfadora del Moncada y del Granma, de la Sierra y de Girón encabezada por Fidel Castro que, sustentada en la más estrecha unidad de todas las fuerzas revolucionarias y del pueblo, conquistó la plena independencia nacional, estableció el poder revolucionario, realizó las transformaciones democráticas, inició la construcción del socialismo y, con el Partido Comunista al frente, la continúa con el objetivo final de edificar la sociedad comunista; CONSCIENTES de que todos los regímenes sustentados en la explotación del hombre por el hombre determinan la humillación de los explotados y la degradación de la condición humana de los explotadores; de que solo en el socialismo y el comunismo, cuando el hombre ha sido liberado de todas las formas de explotación: de la esclavitud, de la servidumbre y del capitalismo, se alcanza la entera dignidad del ser humano; y de que nuestra Revolución elevó la dignidad de la patria y del cubano a superior altura; DECLARAMOS nuestra voluntad de que la ley de leyes de la República esté presidida por este profundo anhelo, al fin logrado, de José Martí: «Yo quiero que la ley primera de nuestra república sea el culto de los cubanos al dignidad plena del hombre». ADOPTAMOS por nuestro voto libre, mediante referendo, la siguiente: Constitución.

Capítulo I. Fundamentos políticos, sociales y económicos del Estado

Artículo 1.º Cuba es un Estado socialista de trabajadores, independiente y soberano, organizado con todos y para el bien de todos, como república unitaria y democrática, para el disfrute de la libertad política, la justicia social, el bienestar individual y colectivo y la solidaridad humana.

Artículo 2.º El nombre del Estado cubano es República de Cuba, el idioma oficial es el español y su capital es la ciudad de La Habana.

Artículo 3.º En la República de Cuba la soberanía reside en el pueblo, del cual dimana todo el poder del Estado. Ese poder es ejercido directamente o por medio de las Asambleas del Poder Popular y demás órganos del Estado que de ellas se derivan, en la forma y según las normas fijadas por la Constitución y las leyes. Todos los ciudadanos tienen el derecho de combatir por todos los medios, incluyendo la lucha armada, cuando no fuera posible otro recurso, contra cualquiera que intente derribar el orden político, social y económico establecido por esta Constitución.

Artículo 4.º Los símbolos nacionales son los que han presidido por más de cien años las luchas cubanas por la independencia, por los derechos del pueblo y por el progreso social: la bandera de la estrella solitaria; el himno de Bayamo; el escudo de la palma real.

Artículo 5.º El Partido Comunista de Cuba, Martiano y marxista-leninista, vanguardia organizada de la nación cubana, es la fuerza dirigente superior de la sociedad y del Estado, que organiza y orienta los esfuerzos comunes hacia los altos fines de la construcción del socialismo y el avance hacia la sociedad comunista.

Artículo 6.º La Unión de Jóvenes Comunistas, organización de la juventud cubana de avanzada, cuenta con el reconocimiento y el estímulo del Estado en su función primordial de promover la participación activa de las masas juveniles en las tareas de la edificación socialista y de preparar adecuadamente a los jóvenes como ciudadanos conscientes y capaces de asumir responsabilidades cada día mayores en beneficio de nuestra sociedad.

Artículo 7.º El Estado socialista cubano reconoce y estimula a las organizaciones de masas y sociales, surgidas en el proceso histórico de las luchas de nuestro pueblo, que agrupan en su seno a distintos sectores de la población, representan sus intereses específicos y los incorporan a las tareas de la edificación, consolidación y defensa de la sociedad socialista.

Artículo 8.º El Estado reconoce, respeta y garantiza la libertad religiosa. En la República de Cuba, las instituciones religiosas están separadas del Estado. Las distintas creencias y religiones gozan de igual consideración.

Artículo 9.º El Estado: a) realiza la voluntad del pueblo trabajador y

—encauza los esfuerzos de la nación en la construcción del socialismo;

—mantiene y defiende la integridad y la soberanía de la patria;
—garantiza la libertad y la dignidad plena del hombre, el disfrute de sus derechos, el ejercicio y cumplimiento de sus deberes y el desarrollo integral de su personalidad;
—afianza la ideología y las normas de convivencia y de conducta propias de la sociedad libre de la explotación del hombre por el hombre;
—protege el trabajo creador del pueblo y la propiedad y la riqueza de la nación socialista;
—dirige planificadamente la economía nacional;
—asegura el avance educacional, científico, técnico y cultural del país; b) como Poder del pueblo, en servicio del propio pueblo, garantiza
—que no haya hombre o mujer, en condiciones de trabajar, que no tenga oportunidad de obtener un empleo con el cual pueda contribuir a los fines de la sociedad y a la satisfacción de sus propias necesidades;
—que no haya persona incapacitada para el trabajo que no tenga medios decorosos de subsistencia;
—que no haya enfermo que no tenga atención medica;
—que no haya niño que no tenga escuela, alimentación y vestido;
—que no haya joven que no tenga oportunidad de estudiar;
—que no haya persona que no tenga acceso al estudio, la cultura y el deporte; c) trabaja por lograr que no haya familia que no tenga una vivienda confortable.

Artículo 10.º Todos los órganos del Estado, sus dirigentes, funcionarios y empleados, actúan dentro de los límites de sus respectivas competencias y tienen la obligación de observar estrictamente la legalidad socialista y velar por su respeto en la vida de toda la sociedad.

Artículo 11.º El Estado ejerce su soberanía: a) sobre todo el territorio nacional, integrado por la Isla de Cuba, la Isla de la Juventud, las demás islas y cayos adyacentes, las aguas interiores y el mar territorial en la extensión que fija la ley y el espacio aéreo que sobre estos se extiende; b) sobre el medio ambiente y los recursos naturales del país; c) sobre los recursos naturales, tanto vivos como no vivos, de las aguas, el lecho y el subsuelo de la zona económica marítima de la República, en la extensión que fija la ley, conforme a la práctica internacional. La República de Cuba repudia y considera ilegales y nulos los tratados, pactos o concesiones concertados en condiciones de desigualdad o que desconocen o disminuyen su soberanía y su integridad territorial.

Artículo 12.º La República de Cuba hace suyos los principios antiimperialistas e internacionalistas, y a) ratifica su aspiración de paz digna, verdadera y válida para todos los Estados, grandes y pequeños, débiles y poderosos, asentada en el respeto a la independencia y soberanía de los pueblos y el derecho a la autodeterminación; b) funda sus relaciones internacionales en los principios de igualdad de derechos, libre determinación de los pueblos, integridad territorial, independencia de los Estados, la cooperación internacional en beneficio e interés mutuo y equitativo, el arreglo pacifico de controversias en pie de igualdad y respeto y los demás principios proclamados en la Carta de las Naciones Unidas y en otros tratados internacionales de los cuales Cuba sea parte; c) reafirma su voluntad de integración y colaboración con los países de América Latina y del Caribe, cuya identidad común y necesidad histórica de avanzar juntos hacia la integración económica y política para lograr la verdadera independencia, nos permitiría alcanzar el lugar que nos corresponde en el mundo; ch) propugna la unidad de todos los países del Tercer Mundo, frente a la política imperialista y neocolonialista que persigue la limitación o subordinación de la soberanía de nuestros pueblos y agravar las condiciones económicas de explotación y opresión de las naciones subdesarrolladas; d) condena al imperialismo, promotor y sostén de todas las manifestaciones fascistas, colonialistas, neocolonialistas y racistas, como la principal fuerza de agresión y de guerra y el peor enemigo de los pueblos; e) repudia la intervención directa o indirecta en los asuntos internos o externos de cualquier Estado y, por tanto, la agresión armada, el bloqueo económico, así como cualquier otra forma de coerción económica o política, la violencia física contra personas residentes en otros países, u otro tipo de injerencia y amenaza a la integridad de los Estados y de los elementos políticos, económicos y culturales de las naciones; f) rechaza la violación del derecho irrenunciable y soberano de todo Estado a regular el uso y los beneficios de las telecomunicaciones en su territorio, conforme a la práctica universal y a los convenios internacionales que ha suscrito; g) califica de delito internacional la guerra de agresión y de conquista, reconoce la legitimidad de las luchas por la liberación nacional, así como la resistencia armada a la agresión, y considera su deber internacionalista solidarizarse con el agredido y con los pueblos que combaten por su liberación y autodeterminación; h) basa sus relaciones con los países que edifican el socialismo en la amistad fraternal, la cooperación y la ayuda mutua, asentadas en los objetivos comunes de la construcción de la nueva sociedad; i) mantiene relaciones de amistad con los países que, teniendo un régimen político, social y económico diferente, respetan su soberanía, observan las normas de convivencia entre los Estados, se atienen a los principios de mutuas conveniencias y adoptan una actitud reciproca con nuestro país.

Artículo 13.º La República de Cuba concede asilo a los perseguidos por sus ideales o luchas por los derechos democráticos, contra el imperialismo, el fascismo, el colonialismo y el neocolonialismo; contra la discriminación y el racismo; por la liberación nacional; por los derechos y reivindicaciones de los trabajadores, campesinos y estudiantes; por sus actividades políticas, científicas, artísticas y literarias progresistas, por el socialismo y la paz.

Artículo 14.º En la República de Cuba rige el sistema de economía basado en la propiedad socialista de todo el pueblo sobre los medios fundamentales de producción y en la supresión de la explotación del hombre por el hombre. También rige el principio de distribución socialista «de cada cual según su capacidad, a cada cual según su trabajo». La ley establece las regulaciones que garantizan el efectivo cumplimiento de este principio.

Artículo 15.º Son de propiedad estatal socialista de todo el pueblo: a) las tierras que no pertenecen a los agricultores pequeños o a cooperativas integradas por estos, el subsuelo, las minas, los recursos naturales tanto vivos como no vivos dentro de la zona económica marítima de la República, los bosques, las aguas y las vías de comunicación; b) los centrales azucareros, las fabricas, los medios fundamentales de transporte, y cuantas empresas, bancos e instalaciones han sido nacionalizados y expropiados a los imperialistas, latifundistas y burgueses, así como las fabricas, empresas e instalaciones económicas y centros científicos, sociales, culturales y deportivos construidos, fomentados o adquiridos por el Estado y los que en el futuro construya, fomente o adquiera. Estos bienes no pueden trasmitirse en propiedad a personas naturales o jurídicas, salvo los casos excepcionales en que la transmisión parcial o total de algún objetivo económico se destine a los fines del desarrollo del país y no afecten los fundamentos políticos, sociales y económicos del Estado, previa aprobación del Consejo de Ministros o su Comité Ejecutivo. En cuanto a la transmisión de otros derechos sobre estos bienes a empresas estatales y otras entidades autorizadas, para el cumplimiento de sus fines, se actuara conforme a lo previsto en la ley.

Artículo 16.º El Estado organiza, dirige y controla la actividad económica nacional conforme a un plan que garantice el desarrollo programado del país, a fin de fortalecer el sistema socialista, satisfacer cada vez mejor las necesidades materiales y culturales de la sociedad y los ciudadanos, promover el desenvolvimiento de la persona humana y de su dignidad, el avance y la seguridad del país. En la elaboración y ejecución de los programas de producción y desarrollo participan activa y conscientemente los trabajadores de todas las ramas de la economía y de las demás esferas de la vida social.

Artículo 17.º El Estado administra directamente los bienes que integran la propiedad socialista de todo el pueblo; o podrá crear y organizar empresas y entidades encargadas de su Administración, cuya estructura, atribuciones, funciones y el régimen de sus relaciones son regulados por la ley. Estas empresas y entidades responden de sus obligaciones solo con sus recursos financieros, dentro de las limitaciones establecidas por la ley. El Estado no responde de las obligaciones contraídas por las empresas, entidades u otras personas jurídicas y estas tampoco responden de las de aquel.

Artículo 18.º El Estado dirige y controla el comercio exterior. La ley establece las instituciones y autoridades estatales facultadas para:
—crear empresas de comercio exterior;
—normar y regular las operaciones de exportación e importación; y
—determinar las personas naturales o jurídicas con capacidad legal para realizar dichas operaciones de exportación e importación y concertar convenios comerciales.

Artículo 19.º El Estado reconoce la propiedad de los agricultores pequeños sobre las tierras que legalmente les pertenecen y los demás bienes inmuebles y muebles que les resulten necesarios para la explotación a que se dedican, conforme a lo que establece la ley. Los agricultores pequeños, previa autorización del organismo estatal competente y el cumplimiento de los demás requisitos legales, pueden incorporar sus tierras únicamente a cooperativas de producción agropecuaria. Además pueden venderlas, permutarlas o trasmitirlas por otro título al Estado y a cooperativas de producción agropecuaria o a agricultores pequeños en los casos, formas y condiciones que establece la ley, sin perjuicio del derecho preferente del Estado a su adquisición, mediante el pago de su justo precio. Se prohíbe el arrendamiento, la aparcería, los prestamos hipotecarios y cualquier acto que implique gravamen o cesión a particulares de los derechos emanados de la propiedad de los agricultores pequeños sobre sus tierras. El Estado apoya la producción individual de los agricultores pequeños que contribuyen a la economía nacional.

Artículo 20.º Los agricultores pequeños tienen derecho a asociarse entre sí, en la forma y con los requisitos que establece la ley, tanto a los fines de la producción agropecuaria como a los de obtención de créditos y servicios estatales. Se autoriza la organización de cooperativas de producción agropecuaria en los casos y en la forma que la ley establece. Esta propiedad cooperativa es reconocida por el Estado y constituye una forma avanzada y eficiente de producción socialista. Las cooperativas de producción agropecuaria administran, poseen, usan y disponen de los bienes de su propiedad, de acuerdo con lo establecido en la ley en sus reglamentos. Las tierras de las cooperativas no pueden ser embargadas ni gravadas y su propiedad puede ser transferida a otras cooperativas o al Estado, por las causas y según el procedimiento establecido en la ley. El Estado brinda todo el apoyo posible a esta forma de producción agropecuaria.

Artículo 21.º Se garantiza la propiedad personal sobre los ingresos y ahorros procedentes del trabajo propio, sobre la vivienda que se posea con justo título de dominio y los demás bienes y objetos que sirven para la satisfacción de las necesidades materiales y culturales de la persona. Asimismo se garantiza la propiedad sobre los medios e instrumentos de trabajo personal o familiar, los que no pueden ser utilizados para la obtención de ingresos provenientes de la explotación del trabajo ajeno. La ley establece la cuantía en que son embargables los bienes de propiedad personal.

Artículo 22.º El Estado reconoce la propiedad de las organizaciones políticas, de masas y sociales sobre los bienes destinados al cumplimiento de sus fines.

Artículo 23.º El Estado reconoce la propiedad de las empresas mixtas, sociedades y asociaciones económicas que se constituyen conforme a la ley. El uso, disfrute y disposición de los bienes pertenecientes al patrimonio de las entidades anteriores se rigen por lo establecido en la ley y los tratados, así como por los estatutos y reglamentos propios por los que se gobiernan.

Artículo 24.º El Estado reconoce el derecho de herencia sobre la vivienda de dominio propio y demás bienes de propiedad personal. La tierra y los demás bienes vinculados a la producción que integran la propiedad de los agricultores pequeños son heredables y solo se adjudican a aquellos herederos que trabajan la tierra, salvo las excepciones y según el procedimiento que establece la ley. La ley fija los casos, las condiciones y la forma en que los bienes de propiedad cooperativa podrán ser heredables.

Artículo 25.º Se autoriza la expropiación de bienes, por razones de utilidad Pública o interés social y con la debida indemnización. La ley establece el procedimiento para la expropiación y las bases para la determinar su utilidad y necesidad, así como la forma de indemnización, considerando los intereses y las necesidades económicas y sociales del expropiado.

Artículo 26.º Toda persona que sufriere daño o perjuicio causado indebidamente por funcionarios o agentes del Estado con motivo del ejercicio de las funciones propias de sus cargos, tiene derecho a reclamar y obtener la correspondiente reparación o indemnización en la forma que establece la ley.

Artículo 27.º El Estado protege el medio ambiente y los recursos naturales del país. Reconoce su estrecha vinculación con el desarrollo económico y social sostenible para hacer más racional la vida humana y asegurar la supervivencia, el bienestar y la seguridad de las generaciones actuales y futuras. Corresponde a los órganos competentes aplicar esta política. Es deber de los ciudadanos contribuir a la protección del agua, la atmósfera, la conservación del suelo, la flora, la fauna y todo el rico potencial de la naturaleza.

Capítulo II. Ciudadanía

Artículo 28.º La ciudadanía cubana se adquiere por nacimiento o por naturalización.

Artículo 29.º Son ciudadanos cubanos por nacimiento: a) los nacidos en el territorio nacional, con excepción de los hijos de extranjeros que se encuentren al servicio de su gobierno o de organismos internacionales. La ley establece los requisitos y las formalidades para el caso de los hijos de los extranjeros residentes no permanentes en el país. b) los nacidos en el extranjero de padre o madre cubanos, que se hallen cumpliendo misión oficial; c) los nacidos en el extranjero de padre o madre cubanos, previo el cumplimiento de las formalidades que la ley señala; ch) los nacidos fuera del territorio nacional, de pare o madre naturales de la República de Cuba que hayan perdido la ciudadanía cubana, siempre que la reclamen en la forma que señala la ley; d) los extranjeros que por méritos excepcionales alcanzados en las luchas por la liberación de Cuba fueron considerados ciudadanos cubanos por nacimiento.

Artículo 30.º Son ciudadanos cubanos por naturalización: a) los extranjeros que adquieren la ciudadanía de acuerdo con lo establecido en la ley; b) los que hubiesen servido a la lucha armada contra la tiranía derrocada el primero de enero de 1959, siempre que acrediten esa condición en la forma legalmente establecida; c) los que habiendo sido privados arbitrariamente de su ciudadanía de origen obtengan la cubana por acuerdo expreso del Consejo de Estado.

Artículo 31.º Ni el matrimonio ni su disolución afectan la ciudadanía de los cónyuges o de sus hijos.

Artículo 32.º Los cubanos no podrán ser privados de su ciudadanía, salvo por causas legalmente establecidas. Tampoco podrán ser privados del derecho a cambiar de ésta. No se admitirá la doble ciudadanía. En consecuencia, cuando se adquiera una ciudadanía extranjera, se perderá la cubana. La ley establece el procedimiento a seguir para la formalización de la perdida de la ciudadanía y las autoridades facultadas para decidirlo.

Artículo 33.º La ciudadanía cubana podrá recobrarse en los casos y en la forma que prescribe la ley.

Capítulo III. Extranjería

Artículo 34.º Los extranjeros residentes en el territorio de la República se equiparan a los cubanos:
—en la protección de sus personas y bienes;
—en el disfrute de los derechos y el cumplimiento de los deberes reconocidos en esta Constitución, bajo las condiciones y con las limitaciones que la ley fija;
—en la obligación de observar la Constitución y la ley;
—en la obligación de contribuir a los gastos públicos en la forma y la cuantía que la ley establece;
—en la sumisión a la jurisdicción y resoluciones de los tribunales de justicia y autoridades de la República. La ley establece los casos y la forma en que los extranjeros pueden ser expulsados del territorio nacional y las autoridades facultadas para decidirlo.

Capítulo IV. Familia

Artículo 35.º El Estado protege a la familia, la maternidad y el matrimonio. El Estado reconoce en la familia la célula fundamental de la sociedad y le atribuye responsabilidades y funciones esenciales en la educación y formación de las nuevas generaciones.

Artículo 36.º El matrimonio es la unión voluntariamente concertada de un hombre y una mujer con aptitud legal para ello, a fin de hacer vida en común. Descansa en la igualdad absoluta de derechos y deberes de los cónyuges, los que deben atender al mantenimiento del hogar y a la formación integral de los hijos mediante el esfuerzo común, de modo que éste resulte compatible con el desarrollo de las actividades sociales de ambos. La ley regula la formalización, reconocimiento y disolución del matrimonio y los derechos y obligaciones que de dichos actos se derivan.

Artículo 37.º Todos los hijos tienen iguales derechos, sean habidos dentro o fuera del matrimonio. Está abolida toda calificación sobre la naturaleza de la filiación. No se consignará declaración alguna diferenciando los nacimientos, ni sobre el estado civil de los padres en las actas de inscripción de los hijos, ni en ningún otro documento que haga referencia a la filiación. El Estado garantiza mediante los procedimientos legales adecuados la determinación y el reconocimiento de la paternidad.

Artículo 38.º Los padres tienen el deber de dar alimentos a sus hijos y asistirlos en la defensa de sus legítimos intereses y en la realización de sus justas aspiraciones; así como el de contribuir activamente a su educación y formación integral como ciudadanos útiles y preparados para la vida en la sociedad socialista. Los hijos, a su vez, están obligados a respetar y ayudar a sus padres.

Capítulo V. Educación y cultura

Artículo 39.º El Estado orienta, fomenta y promueve la educación, la cultura y las ciencias en todas sus manifestaciones. En su política educativa y cultural se atiene a los postulados siguientes: a) fundamenta su política educacional y cultural en los avances de la ciencia y la técnica, el ideario marxista y Martiano, la tradición pedagógica progresista cubana y la universal; b) la enseñanza es función del Estado y es gratuita. Se basa en las conclusiones y aportes de la ciencia y en la relación más estrecha del estudio con la vida, el trabajo y la producción. El estado mantiene un amplio sistema de becas para los estudiantes y proporciona múltiples facilidades de estudio a los trabajadores a fin de que puedan alcanzar los más altos niveles posibles de conocimientos y habilidades. La ley precisa la integración y estructura del sistema nacional de enseñanza, así como el alcance de la obligatoriedad de estudiar y define la preparación general básica que, como mínimo, debe adquirir todo ciudadano; c) promover la educación patriótica y la formación comunista de las nuevas generaciones y la preparación de los niños, jóvenes y adultos para la vida social. Para realizar este principio se combinan la educación general y las especializadas de carácter científico, técnico o artístico, con el trabajo, la investigación para el desarrollo, la educación física, el deporte y la participación en actividades políticas, sociales y de preparación militar; ch) es libre la creación artística siempre que su contenido no sea contrario a la Revolución. Las formas de expresión en el arte son libres; d) el Estado, a fin de elevar la cultura del pueblo, se ocupa de fomentar y desarrollar la educación artística, la vocación para la creación y el cultivo del arte y la capacidad para apreciarlo; e) la actividad creadora e investigativa en la ciencia es libre. El Estado estimula y viabiliza la investigación y prioriza la dirigida a resolver los problemas que atañen al interés de la sociedad y al beneficio del pueblo; f) el Estado propicia que los trabajadores se incorporen a la labor científica y al desarrollo de la ciencia; g) el Estado orienta, fomenta y promueve la cultura física y el deporte en todas sus manifestaciones como medio de educación y contribución a la formación integral de los ciudadanos; h) el Estado defiende la identidad de la cultura cubana y vela por la conservación del patrimonio cultural y la riqueza artística e histórica de la nación. Protege los monumentos nacionales y los lugares notables por su belleza natural o por su reconocido valor artístico o histórico; i) el Estado promueve la participación de los ciudadanos a través de las organizaciones de masas y sociales del país en la realización de su política educacional y cultural.

Artículo 40.º La niñez y la juventud disfrutan de particular protección por parte del Estado y la sociedad. La familia, la escuela, los órganos estatales y las organizaciones de masas y sociales tienen el deber de prestar especial atención a la formación integral de la niñez y la juventud.

Capítulo VI. Igualdad

Artículo 41.º Todos los ciudadanos gozan de iguales derechos y están sujetos a iguales deberes.

Artículo 42.º La discriminación por motivo de raza, color de la piel, sexo, origen nacional, creencias religiosas y cualquiera otra lesiva a la dignidad humana está proscrita y es sancionada por la ley. Las instituciones del Estado educan a todos, desde la más temprana edad, en el principio de la igualdad de los seres humanos.

Artículo 43.º El Estado consagra el derecho conquistado por la Revolución de que los ciudadanos, sin distinción de raza, color de la piel, sexo, creencias religiosas, origen nacional y cualquier otra lesiva a la dignidad humana:
—tienen acceso, según méritos y capacidades, a todos los cargos y empleos del Estado, de la Administración Pública y de la producción y prestación de servicios;
—ascienden a todas las jerarquías de las fuerzas armadas revolucionarias y de la seguridad y orden interior, según méritos y capacidades;
—perciben salario igual por trabajo igual;
—disfrutan de la enseñanza en todas las instituciones docentes del país, desde la escuela primaria hasta las universidades, que son las mismas para todos;
—reciben asistencia en todas las instituciones de salud;
—se domicilian en cualquier sector, zona o barrio de las ciudades y se alojan en cualquier hotel;
—son atendidos en todos los restaurantes y demás establecimientos de servicio público;

—usan, sin separaciones, los transportes marítimos, ferroviarios, aéreos y automotores;
—disfrutan de los mismos balnearios, playas, parques, círculos sociales y demás centros de cultura, deportes, recreación y descanso.

Artículo 44.º La mujer y el hombre gozan de iguales derechos en lo económico, político, cultural, social y familiar. El Estado garantiza que se ofrezcan a la mujer las mismas oportunidades y posibilidades que al hombre, a fin de lograr su plena participación en el desarrollo del país. El Estado organiza instituciones tales como círculos infantiles, seminternados e internados escolares, casas de atención a ancianos y servicios que facilitan a la familia trabajadora el desempeño de sus responsabilidades. Al velar por su salud y por una sana descendencia, el Estado concede a la mujer trabajadora licencia retribuida por maternidad, antes y después del parto, y opciones laborales temporales compatibles con su función materna. El Estado se esfuerza por crear todas las condiciones que propicien la realización del principio de igualdad.

Capítulo VII. Derechos, deberes y garantías fundamentales

Artículo 45.º El trabajo en la sociedad socialista es un derecho, un deber y un motivo de honor para cada ciudadano. El trabajo es remunerado conforme a su calidad y cantidad; al proporcionarlo se atienden las exigencias de la economía y la sociedad, la elección del trabajador y su aptitud y calificación; lo garantiza el sistema económico socialista, que propicia el desarrollo económico y social, sin crisis, y que con ello ha eliminado el desempleo y borrado para siempre el paro estacional llamado «tiempo muerto». Se reconoce el trabajo voluntario, no remunerado, realizado en beneficio de toda la sociedad, en las actividades industriales, agrícolas, técnicas, artísticas y de servicio, como formador de la conciencia comunista de nuestro pueblo. Cada trabajador está en el deber de cumplir cabalmente las tareas que le corresponden en su empleo.

Artículo 46.º Todo el que trabaja tiene derecho al descanso, que se garantiza por la jornada laboral de ocho horas, el descanso semanal y las vacaciones anuales pagadas. El Estado fomenta el desarrollo de instalaciones y planes vacacionales.

Artículo 47.º Mediante el sistema de seguridad social, el Estado garantiza la protección adecuada a otro trabajador impedido por su edad, invalidez o enfermedad. En caso de muerte del trabajador garantiza similar protección a su familia.

Artículo 48.º El Estado protege, mediante la asistencia social, a los ancianos sin recursos ni amparo y a cualquier personal no apta para trabajar que carezca de familiares en condiciones de prestarle ayuda.

Artículo 49.º El Estado garantiza el derecho a la protección, seguridad e higiene del trabajo, mediante la adopción de medidas adecuadas para la prevención de accidentes y enfermedades profesionales. El que sufre un accidente en el trabajo o contrae una enfermedad profesional tiene derecho a la atención medica y a subsidio o jubilación en los casos de incapacidad temporal o permanente para el trabajo.

Artículo 50.º Todos tienen derecho a que se atienda y proteja su salud. El Estado garantiza este derecho:
—con la prestación de la asistencia medica y hospitalaria gratuita, mediante la red de instalaciones de servicio medico rural, de los policlínicas, hospitales, centros profilácticos y de tratamiento especializado;
—con la prestación de asistencia estomatológica gratuita;
—con el desarrollo de los planes de divulgación sanitaria y de educación para la salud, exámenes médicos periódicos, vacunación general y otras medidas preventivas de las enfermedades. En estos planes y actividades coopera toda la población a través de las organizaciones de masas y sociales.

Artículo 51.º Todos tienen derecho a la educación. Este derecho está garantizado por el amplio y gratuito sistema de escuelas, seminternados, internados y becas, en todos los tipos y niveles de enseñanza, y por la gratuidad del material escolar, lo que proporciona a cada niño y joven, cualquiera que sea la situación económica de su familia, la oportunidad de cursar estudios de acuerdo con sus aptitudes, las exigencias sociales y las necesidades del desarrollo económico-social. Los hombres y mujeres adultos tienen asegurado este derecho, en las mismas condiciones de gratuidad y con facilidades especificas que la ley regula, mediante la educación de adultos, la enseñanza técnica y profesional, la capacitación laboral en empresas y organismos del Estado y los cursos de educación superior para los trabajadores.

Artículo 52.º Todos tienen derecho a la educación física, al deporte y a la recreación. El disfrute de este derecho está garantizado por la inclusión de la enseñanza y práctica de la educación física y el deporte en los planes de estudio del sistema nacional de educación; y por la amplitud de la instrucción y los medios puestos a disposición del pueblo, que facilitan la práctica masiva del deporte y la recreación.

Artículo 53.º Se reconoce a los ciudadanos libertad de palabra y prensa conforme a los fines de la sociedad socialista. Las condiciones materiales para su ejercicio están dadas por el hecho de que la prensa, la radio, la televisión, el cine y otros medios de difusión masiva son de propiedad estatal o social y no pueden ser objeto, en ningún caso, de propiedad privada, lo que asegura su uso al servicio exclusivo del pueblo trabajador y del interés de la sociedad. La ley regula el ejercicio de estas libertades.

Artículo 54.º Los derechos de reunión, manifestación y asociación son ejercidos por los trabajadores, manuales e intelectuales, los campesinos, las mujeres, los estudiantes y demás sectores del pueblo trabajador, para lo cual disponen de los medios necesarios a tales fines. Las organizaciones de masas y sociales disponen de todas las facilidades para el desenvolvimiento de dichas actividades en las que sus miembros gozan de la más amplia libertad de palabra y opinión, basadas en el derecho irrestricto a la iniciativa y a la crítica.

Artículo 55.º El Estado, que reconoce, respeta y garantiza la libertad de conciencia y de religión, reconoce, respeta y garantiza a la vez la libertad de cada ciudadano de cambiar de creencias religiosas o no tener ninguna, y a profesar, dentro del respeto a la ley, el culto religioso de su preferencia. La ley regula las relaciones del Estado con las instituciones religiosas.

Artículo 56.º El domicilio es inviolable. Nadie puede penetrar en el ajeno contra la voluntad del morador, salvo en los casos previstos por la ley.

Artículo 57.º La correspondencia es inviolable. Solo puede ser ocupada, abierta y examinada en los casos previstos por la ley. Se guardara secreto de los asuntos ajenos al hecho que motivare el examen. El mismo principio se observara con respecto a las comunicaciones cablegráficas, telegráficas y telefónicas.

Artículo 58.º La libertad e inviolabilidad de su persona están garantizadas a todos los que residen en el territorio nacional. Nadie puede ser detenido sino en los casos, en la forma y con las garantías que prescriben las leyes. El detenido o preso es inviolable en su integridad personal.

Artículo 59.º Nadie puede ser encausado ni condenado sino por tribunal competente en virtud de leyes anteriores al delito y con las formalidades y garantías que estas establecen. Todo acusado tiene derecho a la defensa. No se ejercerá violencia ni coacción de clase alguna sobre las personas para forzarlas a declarar. Es nula toda declaración obtenida con infracción de este precepto y los responsables incurrirán en las sanciones que fija la ley.

Artículo 60.º La confiscación de bienes se aplica solo como sanción por las autoridades, en los casos y por los procedimientos que determina la ley.

Artículo 61.º Las leyes penales tienen efecto retroactivo cuando sean favorables al encausado o sancionado. Las demás leyes no tienen efecto retroactivo a menos que en las mismas se disponga lo contrario por razón de interés social o utilidad Pública.

Artículo 62.º Ninguna de las libertades reconocidas a los ciudadanos puede ser ejercida contra lo establecido en la Constitución y las leyes, ni contra la existencia y fines del Estado socialista, ni contra la decisión del pueblo cubano de construir el socialismo y el comunismo. La infracción de este principio es punible.

Artículo 63.º Todo ciudadano tiene derecho a dirigir quejas y peticiones a las autoridades y a recibir la atención o respuestas pertinentes y en plazo adecuado, conforme a la ley.

Artículo 64.º Es deber de cada uno cuidar la propiedad Pública y social, acatar la disciplina del trabajo, respetar los derechos de los demás, observar las normas de convivencia socialista y cumplir los deberes cívicos y sociales.

Artículo 65.º La defensa de la patria socialista es el más grande honor y el deber supremo de cada cubano. La ley regula el servicio militar que los cubanos deben prestar. La traición a la patria es el más grave de los crímenes; quien la comete está sujeto a las más severas sanciones.

Artículo 66.º El cumplimiento estricto de la Constitución y de las leyes es deber inexcusable de todos.

Capítulo VIII. Estado de emergencia

Artículo 67.º En caso o ante la inminencia de desastres naturales o catástrofes u otras circunstancias que por su naturaleza, proporción o entidad afecten el orden interior, la seguridad del país o la estabilidad del Estado, el Presidente del Consejo de Estado puede declarar el estado de emergencia en todo el territorio nacional o en una parte de él, y durante su vigencia disponer la movilización de la población. La ley regula la forma en que se declara el estado de emergencia, sus efectos y su terminación. Igualmente determina los derechos y deberes fundamentales reconocidos por la Constitución, cuyo ejercicio debe ser regulado de manera diferente durante la vigencia del estado de emergencia.

Capítulo IX. Principios de organización y funcionamiento de los órganos estatales

Artículo 68.º Los órganos del Estado se integran y desarrollan su actividad sobre la base de los principios de la democracia socialista, que se expresan en las reglas siguientes: a) todos los órganos representativos de poder del Estado son electivos y renovables; b) las masas populares controlan la actividad de los órganos estatales, de los diputados, de los delegados y de los funcionarios; c) los elegidos tienen el deber de rendir cuenta de su actuación y pueden ser revocados de sus cargos en cualquier momento; ch) cada órgano estatal desarrolla ampliamente, dentro del marco de su competencia, la iniciativa encaminada al aprovechamiento de los recursos y posibilidades locales y a la incorporación de las organizaciones de masas y sociales a su actividad, d) las disposiciones de los órganos estatales superiores son obligatorias para los inferiores; e) los órganos estatales inferiores responden ante los superiores y les rinden cuenta de su gestión; f) la libertad de discusión, el ejercicio de la crítica y autocrítica y la subordinación de la minoría a la mayoría rigen en todos los órganos estatales colegiados.

Capítulo X. Órganos superiores del Poder Popular

Artículo 69.º La Asamblea Nacional del Poder Popular es el órgano supremo del poder del Estado. Representa y expresa la voluntad soberana de todo el pueblo.

Artículo 70.º La Asamblea Nacional del Poder Popular es el único órgano con potestad constituyente y legislativa en la República.

Artículo 71.º La Asamblea Nacional del Poder Popular se compone de diputados elegidos por el voto libre, directo y secreto de los electores, en la proporción y según el procedimiento que determina la ley.

Artículo 72.º La Asamblea Nacional del Poder Popular es elegida por un término de cinco años. Este término solo podrá extenderse por acuerdo de la propia Asamblea en caso de guerra o a virtud de otras circunstancias excepcionales que impidan la celebración normal de las elecciones y mientras subsistan tales circunstancias.

Artículo 73.º La Asamblea Nacional del Poder Popular, al constituirse para una nueva legislatura, elige de entre sus diputados a su Presidente, al Vicepresidente y al Secretario. La ley regula la forma y el procedimiento mediante el cual se constituye la Asamblea y realiza esa elección.

Artículo 74.º La Asamblea Nacional del Poder Popular elige, de entre sus diputados, al Consejo de Estado, integrado por un Presidente, un Primer Vicepresidente, cinco Vicepresidentes, un Secretario y veintitrés miembros más. El

Presidente del Consejo de Estado es jefe de Estado y jefe de Gobierno. El Consejo de Estado es responsable ante la Asamblea Nacional del Poder Popular y le rinde cuenta de todas sus actividades.

Artículo 75.º Son atribuciones de la Asamblea Nacional del Poder Popular: a) acordar reformas de la Constitución conforme a lo establecido en el **Artículo** 137; b) aprobar, modificar o derogar las leyes y someterlas previamente a la consulta popular cuando lo estime procedente en atención a la índole de la legislación de que se trate; c) decidir acerca de la constitucionalidad de las leyes, decretos-leyes, decretos y demás disposiciones generales; ch) revocar en todo o en parte los decretos-leyes que haya dictado el Consejo de Estado; d) discutir y aprobar los planes nacionales de desarrollo económico y social; e) discutir y aprobar el presupuesto del Estado; f) aprobar los principios del sistema de planificación y de dirección de la economía nacional; g) acordar el sistema monetario y crediticio; h) aprobar los lineamientos generales de la política exterior e interior; i) declarar el estado de guerra en caso de agresión militar y aprobar los tratados de paz; j) establecer y modificar la división político-administrativa del país conforme a lo establecido en el **Artículo** 102; k) elegir al Presidente, al Vicepresidente y al Secretario de la Asamblea Nacional; l) elegir al Presidente, al Primer Vicepresidente, a los Vicepresidentes, al Secretario y a los demás miembros del Consejo de Estado; ll) designar, a propuesta del Presidente del Consejo de Estado, al Primer Vicepresidente, a los Vicepresidentes y demás miembros del Consejo de Ministros; m) elegir al Presidente, a los Vicepresidentes y a los demás Jueces del Tribunal Supremo Popular; n) elegir al Fiscal

General y a los Vicefiscales generales de la República; ñ) nombrar comisiones permanentes y temporales; o) revocar la elección o designación de las personas elegidas o designadas por ella; p) ejercer la más alta fiscalización sobre los órganos del Estado y del Gobierno; q) conocer, evaluar y adoptar las decisiones pertinentes sobre los informes de rendición de cuenta que le presenten el Consejo de Estado, el Consejo de Ministros, el Tribunal Supremo Popular, la Fiscalía General de la República y las Asambleas Provinciales del Poder Popular; r) revocar los decretos-leyes del Consejo de Estado y los decretos o disposiciones del Consejo de Ministros que contradigan la Constitución o las leyes; s) revocar o modificar los acuerdos o disposiciones de los órganos locales del Poder Popular que violen la Constitución, las leyes, los decretos-leyes, decretos y demás disposiciones dictadas por un órgano de superior jerarquía a los mismos; o los que afecten los intereses de otras localidades o los generales del país; t) conceder amnistías; u) disponer la convocatoria de referendos en los casos previstos en la Constitución y en otros que la propia Asamblea considere procedente; v) acordar su reglamento; w) las demás que le confiere esta Constitución.

Artículo 76.º Las leyes y acuerdos de la Asamblea Nacional del Poder Popular, salvo cuando se refieran a la reforma de la Constitución, se adoptan por mayoría simple de votos.

Artículo 77.º Las leyes aprobadas por la Asamblea Nacional del Poder Popular entran en vigor en la fecha que en cada caso determine la propia ley. Las leyes, decretos-leyes, decretos y resoluciones, reglamentos y demás disposiciones generales de los órganos nacionales del Estado, se publican en la Gaceta Oficial de la República.

Artículo 78.º La Asamblea Nacional del Poder Popular se reúne en dos períodos ordinarios de sesiones al año y en sesión extraordinaria cuando lo solicite la tercera parte de sus miembros o la convoque el Consejo de Estado.

Artículo 79.º Para que la Asamblea Nacional del Poder Popular pueda celebrar sesión se requiere la presencia de más de la mitad del número total de los diputados que la integran.

Artículo 80.º Las sesiones de la Asamblea Nacional del Poder Popular son públicas, excepto en el caso en que la propia Asamblea acuerde celebrarlas a puertas cerradas por razón de interés de Estado.

Artículo 81.º Son atribuciones del Presidente de la Asamblea Nacional del Poder Popular: a) presidir las sesiones de la Asamblea Nacional y velar por la aplicación de su reglamento; b) convocar las sesiones ordinarias de la Asamblea Nacional; c) proponer el proyecto de orden del día de las sesiones de la Asamblea Nacional; ch) firmar y disponer la publicación en la Gaceta Oficial de la República de las leyes y acuerdos adoptados por la Asamblea Nacional; d) organizar las relaciones internacionales de la Asamblea Nacional; e) dirigir y organizar la labor de las comisiones de trabajo permanentes y temporales que sean creadas por la Asamblea Nacional; f) asistir a las reuniones del Consejo de Estado; g) las demás que por esta Constitución o la Asamblea Nacional del Poder Popular se le atribuyan.

Artículo 82.º La condición de diputado no entraña privilegios personales ni beneficios económicos. Durante el tiempo que empleen en el desempeño efectivo de sus funciones, los diputados perciben el mismo salario o sueldo de su centro de trabajo y mantienen el vínculo con éste a todos los efectos.

Artículo 83.º Ningún diputado a la Asamblea Nacional del Poder Popular puede ser detenido ni sometido a proceso penal sin autorización de la Asamblea, o del Consejo de Estado si no está reunida aquella, salvo en caso de delito flagrante.

Artículo 84.º Los diputados a la Asamblea Nacional del Poder Popular tienen el deber de desarrollar sus labores en beneficio de los intereses del pueblo, mantener contacto con sus electores, oír sus planteamientos, sugerencias y críticas, y explicarles la política del Estado. Asimismo, rendirán cuenta del cumplimiento de sus funciones, según lo establecido en la ley.

Artículo 85.º A los diputados a la Asamblea Nacional del Poder Popular les puede ser revocado su mandato en cualquier momento, en la forma, por las causas y según los procedimientos establecidos en la ley.

Artículo 86.º Los diputados a la Asamblea Nacional del Poder Popular tienen el derecho de hacer preguntas al Consejo de Estado, al Consejo de Ministros o a los miembros de uno y otro, y a que estas les sean respondidas en el curso de la misma sesión o en la próxima.

Artículo 87.º Todos los órganos y empresas estatales están obligados a prestar a los diputados la colaboración necesaria para el cumplimiento de sus deberes.

Artículo 88.º La iniciativa de las leyes compete: a) a los diputados de la Asamblea Nacional del Poder Popular; b) al Consejo de Estado; c) al Consejo de Ministros; ch) a las comisiones de la Asamblea Nacional del Poder Popular; d) al Comité Nacional de la Central de Trabajadores de Cuba y a las Direcciones Nacionales de las demás organizaciones de masas y sociales; e) al Tribunal Supremo Popular, en materia relativa a la Administración de justicia; f) a la Fiscalía General de la República, en materia de su competencia; g) a los ciudadanos. En este caso será requisito indispensable que ejerciten la iniciativa diez mil ciudadanos, por lo menos que tengan la condición de electores.

Artículo 89.º El Consejo de Estado es el órgano de la Asamblea Nacional del Poder Popular que la representa entre uno y otro periodo de sesiones, ejecuta los acuerdos de ésta y cumple las demás funciones que la Constitución le atribuye. Tiene carácter colegiado y, a los fines nacionales e internacionales, ostenta la suprema representación del Estado cubano.

Artículo 90.º Son atribuciones del Consejo de Estado: a) disponer la celebración de sesiones extraordinarias de la Asamblea Nacional del Poder Popular. b) acordar la fecha de las elecciones para la renovación periódica de la Asamblea Nacional del Poder Popular; c) dictar decretos-leyes, entre uno y otro periodo de sesiones de la Asamblea Nacional del Poder Popular; ch) dar a las leyes vigentes, en caso necesario, una interpretación general y obligatoria; d) ejercer la iniciativa legislativa; e) disponer lo pertinente para realizar los referendos que acuerde la Asamblea Nacional del Poder Popular; f) decretar la movilización general cuando la defensa del país lo exija y asumir las facultades de declarar la guerra en caso de agresión o concertar la paz que la Constitución asigna a la Asamblea Nacional del Poder Popular, cuando ésta se halle en receso y no pueda ser convocada con la seguridad y urgencia necesarias; g) sustituir, a propuesta de su Presidente, a los miembros del Consejo de Ministros entre uno y otro periodo de sesiones de la Asamblea Nacional del Poder Popular; h) impartir instrucciones de carácter general a los tribunales a través del Consejo de Gobierno del Tribunal Supremo Popular; i) impartir instrucciones a la Fiscalía General de la República; j) designar y remover, a propuesta de su Presidente, a los representantes diplomáticos de Cuba ante otros Estados; k) otorgar condecoraciones y títulos honoríficos; l) nombrar comisiones; ll) conceder indultos; m) ratificar y denunciar tratados internacionales; n) otorgar o negar el beneplácito a los representantes diplomáticos de otros Estados; ñ) suspender las disposiciones del Consejo de Ministros y los acuerdos y disposiciones de las Asambleas Locales del Poder Popular que no se ajusten a la Constitución o a las leyes, o cuando afecten los intereses de otras localidades o los generales del país, dando cuenta a la Asamblea Nacional del Poder Popular en la primera sesión que celebre después de acordada dicha suspensión; o) revocar los acuerdos y disposiciones de las Administraciones Locales del Poder Popular que contravengan la Constitución, las leyes, los decretos-leyes, los decretos y demás disposiciones dictadas por un órgano de superior jerarquía, o cuando afecten los intereses de otras localidades o los generales del país; p) aprobar su reglamento; q) las demás que le confieran la Constitución y las leyes o le encomiende la Asamblea Nacional del Poder Popular.

Artículo 91.º Todas las decisiones del Consejo de Estado son adoptadas por el voto favorable de la mayoría simple de sus integrantes.

Artículo 92.º El mandato confiado al Consejo de Estado por la Asamblea Nacional del Poder Popular expira al tomar posesión el nuevo Consejo de Estado elegido en virtud de las renovaciones periódicas de aquella.

Artículo 93.º Las atribuciones del Presidente del Consejo de Estado y Jefe de Gobierno son las siguientes: a) representar al Estado y al Gobierno y dirigir su política general; b) organizar y dirigir las actividades y convocar y presidir las sesiones del Consejo de Estado y las del Consejo de Ministros; c) controlar y atender el desenvolvimiento de las actividades de los ministerios y demás organismos centrales de la Administración; ch) asumir la dirección de cualquier ministerio u organismo central de la Administración; d) proponer a la Asamblea Nacional del Poder Popular, una vez elegido por ésta los miembros del Consejo de Ministros; e) aceptar las renuncias de los miembros del Consejo de Ministros, o bien proponer a la Asamblea Nacional del Poder Popular o al Consejo de Estado según proceda, la sustitución de cualquiera de ellos y, en ambos casos, los sustitutos correspondientes. f) recibir las cartas credenciales de los jefes de las misiones extranjeras. Esta función podrá ser delegada en cualquiera de los Vicepresidentes del Consejo de Estado. g) desempeñar la Jefatura Suprema de todas las instituciones armadas y determinar su organización general; h) presidir el Consejo de Defensa Nacional; i) declarar el Estado de Emergencia en los casos previstos por esta Constitución, dando cuenta de su decisión, tan pronto las circunstancias lo permitan, a la Asamblea Nacional del Poder Popular o al Consejo de Estado, de no poder reunirse aquella, a los efectos legales procedentes; j) firmar decretos-leyes y otros acuerdos del Consejo de Estado y las disposiciones legales adoptadas por el Consejo de Ministros o su Comité Ejecutivo y ordenar su publicación en la Gaceta Oficial de la República; k) las demás que por esta Constitución o las leyes se le atribuyan.

Artículo 94.º En caso de ausencia, enfermedad o muerte del Presidente del Consejo de Estado lo sustituye en sus funciones el Primer Vicepresidente.

Artículo 95.º El Consejo de Ministros es el máximo órgano ejecutivo y administrativo y constituye el Gobierno de la República. El número, denominación y funciones de los ministerios y organismos centrales que forman parte del Consejo de Ministros es determinado por la ley.

Artículo 96.º El Consejo de Ministros está integrado por el Jefe de Estado y de Gobierno, que es su Presidente, el Primer Vicepresidente; los Vicepresidentes, los Ministros, el Secretario y los demás miembros que determine la ley.

Artículo 97.º El Presidente, el Primer Vicepresidente, los Vicepresidentes y otros miembros del Consejo de Ministros que determine el Presidente, integran su Comité Ejecutivo. El Comité Ejecutivo puede decidir sobre las cuestiones atribuidas al Consejo de Ministros, durante los períodos que median entre una y otra de sus reuniones.

Artículo 98.º Son atribuciones del Consejo de Ministros: a) organizar y dirigir la ejecución de las actividades políticas, económicas, culturales, científicas, sociales y de defensa acordadas por la Asamblea Nacional del Poder Popular; b) proponer los proyectos de planes generales de desarrollo económico-social del Estado y, una vez aprobados por la Asamblea Nacional del Poder Popular, organizar, dirigir y controlar su ejecución; c) dirigir la política exterior de la República y las relaciones con otros gobiernos; ch) aprobar tratados internacionales y someterlos a la ratificación del Consejo de Estado; d) dirigir y controlar el comercio exterior; e) elaborar el proyecto de presupuesto del Estado y una vez aprobado por la Asamblea Nacional del Poder Popular, velar por su ejecución; f) adoptar medidas para fortalecer el sistema monetario y crediticio; g) elaborar proyectos legislativos y someterlos a la consideración de la Asamblea Nacional del Poder Popular o del Consejo de Estado, según proceda; h) proveer la defensa nacional, al mantenimiento del orden y la seguridad interiores, a la protección de los derechos ciudadanos, así como a la salvaguarda de vidas y bienes en caso de desastres naturales; i) dirigir la Administración del Estado, y unificar, coordinar y fiscalizar la actividad de los organismos de la Administración Central y de las Administraciones Locales; j) ejecutar las leyes y acuerdos de la Asamblea Nacional del Poder Popular, así como los decretos-leyes y disposiciones del Consejo de Estado y, en caso necesario, dictar los reglamentos correspondientes; k) dictar decretos y disposiciones sobre la base y en cumplimiento de las leyes vigentes y controlar su ejecución; l) revocar las decisiones de las Administraciones subordinadas a las Asambleas Provinciales o Municipales del Poder Popular, adoptadas en función de las facultades delegadas por los organismos de la Administración Central del Estado, cuando contravengan las normas superiores que les sean de obligatorio cumplimiento; ll) proponer a las Asambleas Provinciales y Municipales del Poder Popular revocar las disposiciones que sean adoptadas en su actividad especifica, por las administraciones provinciales y municipales a ellas subordinadas, cuando contravengan las normas aprobadas por los organismos de la Administración Central del Estado, en el ejercicio de sus atribuciones; m) revocar las disposiciones de los Jefes de organismos de la Administración Central del Estado, cuando contravengan las normas superiores que les sean de obligatorio cumplimiento; n) proponer a la Asamblea Nacional del Poder Popular o al Consejo de Estado la suspensión de los acuerdos de las Asambleas Locales del Poder Popular que contravengan las leyes y demás disposiciones vigentes, o que afecten los intereses de otras comunidades o los generales del país; ñ) crear las comisiones que estimen necesarias para facilitar el cumplimiento de las tareas que le están asignadas; o) designar y remover funcionarios de acuerdo con las facultades que le confiere la ley; p) realizar cualquier otra función que le encomiende la Asamblea Nacional del Poder Popular o el Consejo de Estado. La ley regula la organización y funcionamiento del Consejo de Ministros.

Artículo 99.º El Consejo de Ministros es responsable y rinde cuenta, periódicamente, de todas sus actividades ante la Asamblea Nacional del Poder Popular.

Artículo 100.º Son atribuciones de los miembros del Consejo de Ministros: a) dirigir los asuntos y tareas del Ministerio u organismo a su cargo, dictando las resoluciones y disposiciones necesarias a ese fin; b) dictar, cuando no sea atribución expresa de otro órgano estatal, los reglamentos que se requieran para la ejecución y aplicación de las leyes y decretos-leyes que les conciernen; c) asistir a las sesiones del Consejo de Ministros, con voz y voto, y presentar a este proyectos de leyes, decretos-leyes, decretos, resoluciones, acuerdos o cualquier otra proposición que estimen conveniente; ch) nombrar, conforme a la ley, los funcionarios que les corresponden; d) cualquier otra que le atribuyan la Constitución y las leyes.

Artículo 101.º El Consejo de Defensa Nacional se constituye y prepara desde tiempo de paz para dirigir el país en las condiciones de estado de guerra, durante la guerra, la movilización general y el estado de emergencia. La ley regula su organización y funciones.

Capítulo XI. La división político-administrativa

Artículo 102.º El territorio nacional, para los fines político-administrativos, se divide en provincias y municipios; el número, los límites y la denominación de los cuales se establece en la ley. La ley puede establecer, además, otras divisiones. La provincia es la sociedad local, con personalidad jurídica a todos los efectos legales, organizada políticamente por la ley como eslabón intermedio entre el gobierno central y el municipal, en una extensión superficial equivalente a la del conjunto de municipios comprendidos en su demarcación territorial. Ejerce las atribuciones y cumple los deberes estatales y de Administración de su competencia y tiene la obligación primordial de promover el desarrollo económico y social de su territorio, para lo cual coordina y controla la ejecución de la política, programas y planes aprobados por los órganos superiores del Estado, con el apoyo de sus municipios, conjugándolos con los intereses de estos. El Municipio es la sociedad local, con personalidad jurídica a todos los efectos legales, organizada políticamente por la ley, en una extensión territorial determinada por necesarias relaciones económicas y sociales de su población, y con capacidad para satisfacer las necesidades mínimas locales. Las provincias y los municipios, además de ejercer sus funciones propias, coadyuvan a la realización de los fines del Estado.

Capítulo XII. Órganos locales del Poder Popular

Artículo 103.º Las Asambleas del Poder Popular, constituidas en las demarcaciones político-administrativas en que se divide el territorio nacional, son los órganos superiores locales del poder del Estado, y, en consecuencia, están investidas de la más alta autoridad para el ejercicio de las funciones estatales en sus demarcaciones respectivas y para ello, dentro del marco de su competencia, y ajustándose a la ley, ejercen gobierno. Además, coadyuvan al desarrollo de las actividades y al cumplimiento de los planes de las unidades establecidas en su territorio que no les estén subordinadas, conforme a lo dispuesto en la ley. Las Administraciones Locales que estas Asambleas constituyen, dirigen las entidades económicas, de producción y de servicios de subordinación local, con el propósito de satisfacer las necesidades económicas, de salud y otras de carácter asistencial, educacionales, culturales, deportivas y recreativas de la colectividad del territorio a que se extiende la jurisdicción de cada una. Para el ejercicio de sus funciones, las Asambleas Locales del Poder Popular se apoyan en los Consejos Populares y en la iniciativa y amplia participación de la población y actúan en estrecha coordinación con las organizaciones de masas y sociales.

Artículo 104.º Los Consejos Populares se constituyen en ciudades, pueblos, barrios, poblados y zonas rurales; están investidos de la más alta autoridad para el desempeño de sus funciones; representan a la demarcación donde actúan y a la vez son representantes de los órganos del Poder Popular municipal, provincial y nacional. Trabajan activamente por la eficiencia en el desarrollo de las actividades de producción y de servicios y por la satisfacción de las necesidades asistenciales, económicas, educacionales, culturales y sociales de la población, promoviendo la mayor participación de ésta y las iniciativas locales para la solución de sus problemas. Coordinan las acciones de las entidades existentes en su arrea de acción, promueven la cooperación entre ellas y ejercen el control y la fiscalización de sus actividades. Los Consejos Populares se constituyen a partir de los delegados elegidos en las circunscripciones, los cuales deben elegir entre ellos quien los presida. A los mismos pueden pertenecer los representantes de las organizaciones de masas y de las instituciones más importantes en la demarcación. La ley regula la organización y atribuciones de los Consejos Populares.

Artículo 105.º Dentro de los límites de su competencia las Asambleas Provinciales del Poder Popular tienen las atribuciones siguientes: a) cumplir y hacer cumplir las leyes y demás disposiciones de carácter general adoptadas por los órganos superiores del Estado; b) aprobar y controlar, conforme a la política acordada por los organismos nacionales competentes, la ejecución del plan y del presupuesto ordinario de ingresos y gastos de la provincia; c) elegir y revocar al Presidente y Vicepresidente de la propia Asamblea; ch) designar y sustituir al Secretario de la Asamblea; d) participar en la elaboración y control de la ejecución del presupuesto y el plan técnico-económico del Estado, correspondiente a las entidades radicadas en su territorio y subordinadas a otras instancias, conforme a la ley; e) controlar y fiscalizar la actividad del órgano de Administración de la provincia auxiliándose para ello de sus comisiones de trabajo; f) designar y sustituir a los miembros del órgano de Administración provincial, a propuesta de su Presidente; g) determinar, conforme a los principios establecidos por el Consejo de Ministros, la organización, funcionamiento y tareas de las entidades encargadas de realizar las actividades económicas, de producción y servicios, educacionales, de salud, culturales, deportivas, de protección del medio ambiente y recreativas, que están subordinadas al órgano de Administración provincial; h) adoptar acuerdos sobre los asuntos de Administración concernientes a su demarcación territorial y que, según la ley, no correspondan a la competencia general de la Administración Central del Estado o a la de los órganos municipales de poder estatal; i) aprobar la creación y organización de los Consejos Populares a propuesta de las Asambleas Municipales del Poder Popular; j) revocar, en el marco de su competencia, las decisiones adoptadas por el órgano de Administración de la provincia, o proponer su revocación al Consejo de Ministros, cuando hayan sido adoptadas en función de facultades delegadas por los organismos de la Administración Central del Estado; k) conocer y evaluar los informes de rendición de cuenta que les presenten su órgano de Administración y las Asambleas del Poder Popular de nivel inferior, y adoptar las decisiones pertinentes sobre ellos; l) formar y disolver comisiones de trabajo; ll) atender todo lo relativo a la aplicación de la política de cuadros que tracen los órganos superiores del Estado; m) fortalecer la legalidad, el orden interior y la capacidad defensiva del país; n) cualquier otra que le atribuyan la Constitución y las leyes.

Artículo 106.º Dentro de los límites de su competencia, las Asambleas Municipales del Poder Popular tienen las atribuciones siguientes: a) cumplir y hacer cumplir las leyes y demás disposiciones de carácter general adoptadas por los órganos superiores del Estado; b) elegir y revocar al Presidente y al Vicepresidente de la Asamblea; c) designar y sustituir al Secretario de la Asamblea; ch) ejercer la fiscalización y el control de las entidades de subordinación municipal, apoyándose en sus comisiones de trabajo; d) revocar o modificar los acuerdos y disposiciones de los órganos o autoridades subordinadas a ella, que infrinjan la Constitución, las leyes, los decretos-leyes, los decretos, resoluciones y otras disposiciones dictados por los órganos superiores del Estado o que afecten los intereses de la comunidad, de otros territorios, o los generales del país, o proponer su revocación al Consejo de Ministros, cuando hayan sido adoptados en función de facultades delegadas por los organismos de la Administración Central del Estado; e) adoptar acuerdos y dictar disposiciones dentro del marco de la Constitución y de las leyes vigentes, sobre asunto de interés municipal y controlar su aplicación; f) designar y sustituir a los miembros de su órgano de Administración a propuesta de su Presidente; g) determinar, conforme a los principios establecidos por el Consejo de Ministros, la organización, funcionamiento y tareas de las entidades encargadas de realizar las actividades económicas, de producción y servicios, de salud y otras de carácter asistencial, educacionales, culturales, deportivas, de protección del medio ambiente y recreativas, que están subordinadas a su órgano de Administración; h) proponer la creación y organización de Consejos Populares, de acuerdo con lo establecido en la ley; i) constituir y disolver comisiones de trabajo; j) aprobar el plan económico-social y el presupuesto del municipio, ajustándose a las políticas trazadas para ello por los organismos competentes de la Administración

Central del Estado, y controlar su ejecución; k) coadyuvar al desarrollo de las actividades y al cumplimiento de los planes de producción y de servicios de las entidades radicadas en su territorio que no les estén subordinadas, para lo cual podrán apoyarse en sus comisiones de trabajo y en su órgano de Administración; l) conocer y evaluar los informes de rendición de cuenta que le presente su órgano de Administración y adoptar las decisiones pertinentes sobre ellos; ll) atender todo lo relativo a la aplicación de la política de cuadros que tracen los órganos superiores del Estado; m) fortalecer la legalidad, el orden interior y la capacidad defensiva del país; n) cualquier otra que le atribuyan la Constitución y las leyes.

Artículo 107.º Las sesiones ordinarias y extraordinarias de las Asambleas Locales del Poder Popular son públicas, salvo en el caso que estas acuerden celebrarlas a puertas cerradas, por razón de interés de Estado o porque se trate en ellas asuntos referidos al decoro de las personas.

Artículo 108.º En las sesiones de las Asambleas Locales del Poder Popular se requiere para su validez la presencia de más de la mitad del número total de sus integrantes. Sus acuerdos se adoptan por mayoría simple de votos.

Artículo 109.º Las entidades que se organizan para la satisfacción de las necesidades locales a fin de cumplir sus objetivos específicos, se rigen por las leyes, decretos-leyes y decretos; por acuerdos del Consejo de Ministros; por disposiciones que dicten los jefes de los organismos de la Administración Central del Estado en asuntos de su competencia, que sean de interés general y que requieran ser regulados nacionalmente; y por los acuerdos de los órganos locales a los que se subordinan.

Artículo 110.º Las comisiones permanentes de trabajo son constituidas por las Asambleas Provinciales y Municipales del Poder Popular atendiendo a los intereses específicos de su localidad, para que las auxilien en la realización de sus actividades y especialmente para ejercer el control y la fiscalización de las entidades de subordinación local y de las demás correspondientes a otros niveles de subordinación, que se encuentren radicadas en su demarcación territorial. Las comisiones de carácter temporal cumplen las tareas específicas que les son asignadas dentro del término que se les señale.

Artículo 111.º Las Asambleas Provinciales del Poder Popular se renovarán cada cinco años, que es el periodo de duración del mandato de sus delegados. Las Asambleas Municipales del Poder Popular se renovarán cada dos años y medio, que es el periodo de duración del mandato de sus delegados. Dichos mandatos solo podrán extenderse por decisión de la Asamblea Nacional del Poder Popular, en los casos señalados en el **Artículo** 72.

Artículo 112.º El mandato de los delegados a las Asambleas Locales es revocable en todo momento. La ley determina la forma, las causas y los procedimientos para ser revocados.

Artículo 113.º Los delegados cumplen el mandato que les han conferido sus electores, en interés de toda la comunidad, para lo cual deberán coordinar sus funciones como tales, con sus responsabilidades y tareas habituales. La ley regula la forma en que se desarrollan estas funciones.

Artículo 114.º Los delegados a las Asambleas Municipales del Poder Popular tienen los derechos y las obligaciones que les atribuyan la Constitución y las leyes y en especial están obligados a: a) dar a conocer a la Asamblea y a la Administración de la localidad las opiniones, necesidades y dificultades que les trasmitan sus electores; b) informar a sus electores sobre la política que sigue la Asamblea y las medidas adoptadas para la solución de necesidades planteadas por la población o las dificultades que se presentan para resolverlas; c) rendir cuenta periódicamente a sus electores de su gestión personal, e informar a la Asamblea o a la Comisión a la que pertenezcan, sobre el cumplimiento de las tareas que les hayan sido encomendadas, cuando estas lo reclamen.

Artículo 115.º Los delegados a las Asambleas Provinciales del Poder Popular tienen el deber de desarrollar sus labores en beneficio de la colectividad y rendir cuenta de su gestión personal según el procedimiento que la ley establece.

Artículo 116.º Las Asambleas Provinciales y Municipales del Poder Popular eligen de entre sus delegados a su Presidente y Vicepresidente. La elección se efectúa en virtud de candidaturas propuestas en la forma y según el procedimiento que la ley establece.

Artículo 117.º Los Presidentes de las Asambleas Provinciales y Municipales del Poder Popular son a la vez presidentes de los respectivos Órganos de Administración y representan al Estado en sus demarcaciones territoriales. Sus atribuciones son establecidas por la ley.

Artículo 118.º Los órganos de Administración que constituyen las Asambleas Provinciales y Municipales del Poder Popular funcionan de forma colegiada y su composición, integración, atribuciones y deberes se establecen en la ley.

Artículo 119.º Los Consejos de Defensa Provinciales, Municipales y de las Zonas de Defensa se constituyen y preparan desde tiempo de paz para dirigir en los territorios respectivos, en las condiciones de estado de guerra, durante la guerra, la movilización general o el estado de emergencia, partiendo de un plan general de defensa y del papel y responsabilidad que corresponde a los consejos militares de los ejércitos. El Consejo de Defensa Nacional determina, conforme a la ley, la organización y atribuciones de estos Consejos.

Capítulo XIII. Tribunales y fiscalía

Artículo 120.º La función de impartir justicia dimana del pueblo y es ejercida a nombre de este por el Tribunal Supremo Popular y los demás Tribunales que la ley instituye. La ley establece los principales objetivos de la actividad judicial y regula la organización de los Tribunales; la extensión de su jurisdicción y competencia; sus facultades y el modo de ejercerlas; los requisitos que deben reunir los jueces, la forma de elección de estos y las causas y procedimientos para su revocación o cese en el ejercicio de sus funciones.

Artículo 121.º Los tribunales constituyen un sistema de órganos estatales, estructurado con independencia funcional de cualquier otro y subordinado jerárquicamente a la Asamblea Nacional del Poder Popular y al Consejo de Estado. El Tribunal Supremo Popular ejerce la máxima autoridad judicial y sus decisiones, en este orden, son definitivas. A través de su Consejo de Gobierno ejerce la iniciativa legislativa y la potestad reglamentaria; toma decisiones y dicta normas de obligado cumplimiento por todos los tribunales y, sobre la base de la experiencia de estos, imparte instrucciones de carácter obligatorio para establecer una práctica judicial uniforme en la interpretación y aplicación de la ley.

Artículo 122.º Los jueces, en su función de impartir justicia, son independientes y no deben obediencia más que a la ley.

Artículo 123.º Los fallos y demás resoluciones firmes de los tribunales, dictados dentro de los límites de su competencia, son de ineludible cumplimiento por los organismos estatales, las entidades económicas y sociales y los ciudadanos, tanto por los directamente afectados por ellos, como por los que no teniendo interés directo en su ejecución vengan obligados a intervenir en la misma.

Artículo 124.º Para los actos de impartir justicia todos los tribunales funcionan de forma colegiada y en ellos participan, con iguales derechos y deberes, jueces profesionales y jueces legos. El desempeño de las funciones judiciales encomendadas al juez lego, dada su importancia social, tiene prioridad con respecto a su ocupación laboral habitual.

Artículo 125.º Los tribunales rinden cuenta de los resultados de su trabajo en la forma y con la periodicidad que establece la ley.

Artículo 126.º La facultad de revocación de los jueces corresponde al órgano que los elige.

Artículo 127.º La Fiscalía General de la República es el órgano del Estado al que corresponde, como objetivos fundamentales, el control y la preservación de la legalidad, sobre la base de la vigilancia del estricto cumplimiento de la Constitución, las leyes y demás disposiciones legales, por los organismos del Estado, entidades económicas y sociales y por los ciudadanos; y la promoción y el ejercicio de la acción penal Pública en representación del Estado. La ley determina los demás objetivos y funciones, así como la forma, extensión y oportunidad en que la Fiscalía ejerce sus facultades al objeto expresado.

Artículo 128.º La Fiscalía General de la República constituye una unidad orgánica subordinada únicamente a la Asamblea Nacional del Poder Popular y al Consejo de Estado. El Fiscal General de la República recibe instrucciones directas del Consejo de Estado. Al Fiscal General de la República corresponde la dirección y reglamentación de la actividad de la Fiscalía en todo el territorio nacional. Los órganos de la Fiscalía están organizados verticalmente en toda la nación, están subordinados solo a la Fiscalía General de la República y son independientes de todo órgano local.

Artículo 129.º El Fiscal General de la República y los vicefiscales generales son elegidos y pueden ser revocados por la Asamblea Nacional del Poder Popular.

Artículo 130.º El Fiscal General de la República rinde cuenta de su gestión ante la Asamblea Nacional del Poder Popular en la forma y con la periodicidad que establece la ley.

Capítulo XIV. Sistema electoral

Artículo 131.º Todos los ciudadanos, con capacidad legal para ello, tienen derecho a intervenir en la dirección del Estado, bien directamente o por intermedio de sus representantes elegidos para integrar los órganos del Poder Popular, y a participar, con este propósito, en la forma prevista en la ley, en elecciones periódicas y referendos populares, que serán de voto libre, igual y secreto. Cada elector tiene derecho a un solo voto.

Artículo 132.º Tienen derecho al voto todos los cubanos, hombres y mujeres, mayores de dieciséis años de edad, excepto: a) los incapacitados mentales, previa declaración judicial de su incapacidad; b) los inhabilitados judicialmente por causa de delito.

Artículo 133.º Tienen derecho a ser elegidos los ciudadanos cubanos, hombres o mujeres, que se hallen en el pleno goce de sus derechos políticos. Si la elección es para diputados a la Asamblea Nacional del Poder Popular, deben, además, ser mayores de dieciocho años de edad.

Artículo 134.º Los miembros de las Fuerzas Armadas Revolucionarias y demás institutos armados tienen derecho a elegir y a ser elegidos, igual que los demás ciudadanos.

Artículo 135.º La ley determina el número de delegados que integran cada una de las Asambleas Provinciales y Municipales, en proporción al número de habitantes de las respectivas demarcaciones en que, a los efectos electorales, se divide el territorio nacional. Los delegados a las Asambleas Provinciales y Municipales se eligen por el voto libre, directo y secreto de los electores. La ley regula, asimismo, el procedimiento para su elección.

Artículo 136.º Para que se considere elegido un diputado o un delegado es necesario que haya obtenido más de la mitad del número de votos válidos emitidos en la demarcación electoral de que se trate. De no concurrir esta circunstancia, o en los demás casos de plazas vacantes, la ley regula la forma en que se procederá.

Capítulo XV. Reforma constitucional

Artículo 137.º Esta Constitución solo puede ser reformada, total o parcialmente, por la Asamblea Nacional del Poder Popular mediante acuerdo adoptado, en votación nominal, por una mayoría no inferior a las dos terceras partes del número total de sus integrantes. Si la reforma es total o se refiere a la integración y facultades de la Asamblea Nacional del Poder Popular o de su Consejo de Estado o a derechos y deberes consagrados en la Constitución, requiere, además, la ratificación por el voto favorable de la mayoría de los ciudadanos con derecho electoral, en referendo convocado al efecto por la propia Asamblea. Esta Constitución proclamada el 24 de febrero de 1976, contiene las reformas aprobadas por la Asamblea Nacional del Poder Popular en el XI Periodo Ordinario de Sesiones de la III Legislatura celebrada los días 10, 11 y 12 de julio de 1992.

Printed in Poland
by Amazon Fulfillment
Poland Sp. z o.o., Wrocław
18 June 2026

6b81fa3f-c1b8-4e82-afe1-9a19f5c2b85aR03